AF453525

# DISSERTATION

### SUR

## *L'ORIGINE ET LES PROGRÈS*

## *DE L'ART*

# DE GRAVER EN BOIS,

Pour éclaircir quelques traits de l'Histoire de l'Imprimerie, & prouver que Guttemberg n'en est pas l'Inventeur;

### PAR

## *M.ᵉ Fournier le Jeune*,

Graveur & Fondeur de Caractères D'Imprimerie.

## A PARIS,

De l'Imprimerie de J. Barbou.

## M. DCC. LVIII.

# DISSERTATION



## L'ORIGINE ET LES PROGRÈS

### DE L'ART

### DE GRAVER EN BOIS,

*Pour éclaircir quelques traits de l'Histoire de l'IMPRIMERIE, & prouver que GUTTEMBERG n'en est pas l'Inventeur.*

DES erreurs soûtenues par des Auteurs célèbres, & long-temps accréditées, sont de nature à en imposer : elles ont tenu & ne tiennent encore que trop souvent la vérité captive. C'est une erreur de cette espèce qui me paroît avoir fait donner à Guttemberg le glorieux titre d'Inventeur de l'Imprimerie.

Entreprendre de lui enlever ce titre après plusieurs siècles de possession, c'est choquer les opinions les plus généralement reçues. Je sens que l'entreprise est hardie, qu'elle peut même paroître téméraire; mais les erreurs sur l'origine & les progrès de l'Imprimerie se sont tellement multipliées, qu'elles rendent cette partie de l'Histoire moderne presque indéchiffrable. Elles ne se sont perpétuées jusqu'à nous, & n'ont, pour ainsi dire, pris racine, que parce qu'elles ont été annoncées par des Auteurs célèbres. Les Mallinckrot, les Maittaire, les Naudé, les Chevillier, les Mentel & autres, étoient sans doute des gens très-savans dans les Belles-lettres, & l'Imprimerie est redevable à quelques-uns d'eux de profondes & laborieuses recherches, mais ils n'étoient point Artistes. Or, en traitant d'un Art dont ils connoissoient peu les opérations & le méchanisme, il a dû nécessairement leur échapper beaucoup de fautes, qu'ils n'ont pas été en état de fentir ni de corriger. La Caille & Profper Marchand, quoique Libraires, ne fe font pas moins trompés : ils ont fuivi les mêmes erremens que les autres, parce qu'il y a loin de la vente d'un Livre aux diverfes opérations qui fervent à le faire.

Pour remonter à l'origine d'un Art & en fuivre les progrès avec fruit, la connoiffance & même la pratique de cet Art femblent néceffaires. C'eft le feul avantage que je pourrois avoir fur ceux qui ont traité avant moi de l'Imprimerie. Je fens plus que perfonne à combien de titres je dois le céder aux Auteurs que je viens de citer, & combien leur favoir eft plus étendu que le mien : auffi ce n'eft qu'en rendant juftice à leur profonde érudition, que je prendrai quelquefois la liberté de n'être pas de leur avis. Ayant étudié l'hiftoire de l'Imprimerie relativement à l'Art que j'exerce dans toutes fes parties, c'eft-à-dire, la taille des Poinçons, la fonte des Lettres & l'Impreſſion * ; ayant donné, dans cette dernière partie , différens eſſais qui prouvent qu'elle eſt la plus facile de tout l'Art Typographique ; ayant également étudié l'hiſtoire & pratiqué l'art de la Gravure en bois, art analogue à celui de l'Imprimerie , & qui lui a donné naiſſance ; ces diverſes études & pratiques m'ont ouvert les yeux & m'ont fait voir différemment des autres dans ce qui regarde l'origine & les progrès de ce dernier, & le réſultat en a été une conviction pleine & entière que Guttemberg connu & annoncé depuis long temps, & par bien des Auteurs, pour être l'inventeur de l'Imprimerie, n'étoit pas même Artiſte dans cette partie. Il eſt à la vérité le premier qui ait fait exécuter ce qu'on appelle un livre, mais par un art connu & pratiqué, non ſeulement avant lui, mais encore avant tous ceux qui ont

---

* Quand je dis l'*Impreſſion*, je ne veux pas faire entendre que je ſois ce qu'on appelle *Maître Imprimeur*. Pour qui fait graver & fondre les Caractères, l'impreſſion n'eſt point difficile. Ce n'eſt pas le titre qui fait la Science, ni le bonnet qui fait le Docteur.

prétendu à la gloire de l'invention de l'Imprimerie ; j'entends cette Imprimerie primitive en taille de bois , qui eſt la ſeule dont Guttemberg ait fait uſage.

Pour établir ce fait, il me ſuffira de montrer l'exercice de la Gravure ou Sculpture en bois antérieur à celui de l'Imprimerie , & l'impreſſion des images en taille de bois en uſage avant l'impreſſion des Livres ; de faire voir enfin, que cet Art de graver en bois étoit porté au plus haut point de perfection , dans le temps que celui de l'Imprimerie étoit encore au berceau : ce qui ſervira en même-temps à donner une idée de cette taille de bois peu connue, & dont l'art , après avoir eu les plus grands ſuccès, eſt près de tomber dans l'anéantiſſement.

Pour ſuivre ce deſſein avec quelque ordre, je partagerai cette Diſſertation en trois parties ; la première fera voir l'uſage ancien de la Sculpture & Gravure en bois, la ſeconde ſes premiers progrès en Allemagne , & la troiſième ſa perfection & ſa décadence.

## PREMIERE PARTIE.

*La Sculpture & la Gravure en bois en*
*ufage de tous les temps.*

LA Sculpture & la Gravure en bois,
qui en eft une branche, font les premiers moyens dont les hommes fe
foient fervis pour tranfmettre à la Pof-
térité le fouvenir de leurs penfées ou
de leurs actions. Pour ne pas me perdre
dans les ténèbres épaiffes de l'antiquité
la plus reculée, je me contenterai de
rapporter quelques faits anciens affez
généralement connus. Les Égyptiens
tailloient une partie de leurs Divinités
fur le bois, & gravoient fur ces Divinités, fur leurs cercueils & fur divers
autres objets, des hiéroglyphes en relief ou en creux. Chez les Grecs & les
Romains, on voit différens ufages de
la Sculpture analogues à l'objet de nos
recherches. Homère nous apprend que

les Princes faifoient graver leurs Loix fur des planches de bois. Les Loix de Solon & les Cérémonies de Religion inftituées par Numa furent gravées de la même manière. On enfeignoit les Lettres aux enfans fur des Tablettes de bois gravées en creux ou en relief : cela fe pratiquoit encore du temps de l'Empereur Trajan, felon Plutarque. La plus ancienne manière d'écrire étoit de graver des Lettres fur des planches de bois, en commençant une ligne de gauche à droite, & la fuivante de droite à gauche, & ainfi jufqu'à la fin des planches, qui étant attachées enfemble formoient des Tablettes *.

On gravoit ou fculptoit en relief des figures, des ornemens, des marques, des noms ou devifes, fur des vafes qui fervoient aux Sacrifices, fur

---

* Les Tablettes pour les befoins journaliers étoient faites avec de petites planches de bois enduites de cire. Elles prenoient leur nom du nombre de feuillets dont elles étoient compofées : les *Diptyques* en avoient deux, les *Triptyques*, trois. Martial dit au fujet de celles-ci : *Vous ne regarderez plus comme un chétif préfent mes Tablettes quoique de trois feuillets feulement, quand votre Amante mettra au bas qu'elle fe trouvera au rendez-vous.* Liv. 14. ep. 4e.

de petites tables de bois où l'on po-
foit les fervices, fur les bois de lits,
fur les mortiers à piler le blé, fur les
divers uftenfiles néceffaires à la vie,
fur les chariots & fur les boucliers :
ces opérations fe faifoient fur le bois,
fur la pierre & fur les métaux. J'ai vû
à Saint Germain-des-prés un Caillou
très-ancien, fur lequel étoit une infcription en Lettres grecques, fculp-
tées en relief, à la façon des planches
d'impreffion. Enfin cet art étoit porté
à un fi haut point de perfection, que
l'Hiftoire nous apprend que Callicrate
gravoit des vers d'Homère fur un grain
de millet ; & Myrmécide a fculpté des
Ouvrages d'une fi grande délicateffe,
qu'il falloit une attention infinie & des
yeux excellens pour en diftinguer les
objets.

Ces opérations étoient analogues à
la Sculpture & Gravure de nos premières planches d'impreffion, toutes
exécutées fuivant les mêmes principes
& avec les mêmes inftrumens. Les
Anciens n'ignoroient pas l'art des em-

preintes ; les marques de leurs fceaux ou cachets en font une preuve incon-teftable : on le voit encore mieux par ce trait d'Agéfilas, qui voulant raffurer fes troupes par un prodige apparent, s'imprima fortement dans la main le mot NIKH avec des Lettres en relief, & ayant faifi promptement le foie de la victime , il le preffa dans fa main & y fit cette empreinte qu'il montra à fes foldats comme un figne affuré de la victoire. Ces différents traits & quantité d'autres du même genre fe trouvent dans Paufanias, Diodore de Sicile , Plutarque, Pline & autres Au-teurs anciens.

La manière de graver des Lettres mobiles étoit en ufage du tems de S. Jérôme ; il s'exprimoit ainfi en écri-vant à Læta : « Qu'on faffe des Lettres « de bois ou d'ivoire, qu'on les donne « aux enfans pour jouer, afin que ce « jeu puiffe leur fervir d'enfeigne-« ment.

On fait avec quelle ardeur les Arts en général étoient autrefois exercés ,

& combien ils étoient honorés dans la Grèce, en Italie & ailleurs. Lorsque Totila roi des Gots vint saccager Rome en 545, il fit la guerre aux Arts comme aux hommes, & ce qui échappa à la fureur des Gots, des Huns & des Vandales, fut achevé par les Sarazins, les Maures, & encore plus par les Iconoclastes. Ces ennemis des Arts détruisirent tellement le germe des talens, qu'on leur vit succéder la plus affreuse ignorance jusqu'au 14e. siècle, qu'ils commencèrent à reprendre vigueur en Europe. Pendant ce temps-là, nous allons trouver notre art de graver en bois connu & pratiqué chez d'autres Nations.

La Chine possède depuis long temps l'art d'imprimer des Livres de la manière dont ils les impriment encore aujourd'hui, c'est-à-dire, en planches de bois fixes. La multiplicité des Lettres Chinoises, qui montent à plus de soixante mille, la liaison & l'enchaînement de ces Lettres les unes avec les autres, qui en rendent la lecture si difficile, & qui font qu'un Chinois n'eſt ſavant qu'à proportion qu'il ſait lire, n'ont pas permis de rendre ces caractères mobiles pour l'impreſſion. Cette manière d'imprimer, entièrement conforme aux premières opérations de Guttemberg, eſt très-ancienne. Différens Auteurs la font monter plus ou moins haut : il réſulte de leurs divers ſentimens, que l'Imprimerie étoit exercée dans les Indes, deux ſiècles au moins avant qu'on en fît uſage en Europe. Le P. du Halde, dans ſa Deſcription de la Chine, rapporte cette maxime de l'Empereur Vouvang, qui vivoit 1120 ans avant l'Ère Chrétienne. *Comme la pierre ME dont on ſe ſert pour noircir les Lettres gravées ne peut jamais devenir blanche, de même un cœur noirci d'impuretés retiendra toûjours ſa noirceur.* Ange Rocca, dans ſa Bibliothèque du Vatican, dit que l'uſage de l'Imprimerie étoit connu à la Chine plus de trois cens ans avant Jeſus-Chriſt. Alvarez de Seviedo lui donne plus de ſeize cens ans d'antiquité. Le P. Couplet fait monter cette origine de l'Imprimerie à la Chine un peu moins haut, mais elle est encore selon lui fort reculée. On rapporte enfin, que l'Empereur Yventi, qui régnoit en 552, avoit une Bibliothèque composée de plus de cent quarante mille volumes, dont le plus grand nombre étoient imprimés.

Cette manière d'imprimer en planches de bois étoit commune, non seulement à la Chine, mais encore au Japon, au Tunquin & dans la Tartarie Orientale. Des Auteurs prétendent qu'il y a plus de mille ans que cette impression est en usage dans la ville de Tangut. Cet art a été porté chez ces peuples à un très-grand degré de perfection ; la hardiesse de la taille des Lettres ou ornemens, & la beauté de l'impression, sont admirables. Souvent on les voit embellis par le secours des autres Arts : l'or, l'argent & les couleurs y sont employés avec une adresse singulière, le tout imprimé d'un seul côté sur du papier de soie blanc &

liſſé qui en relève l'éclat. La Bibliothèque du Roi en poſſède pluſieurs qui ſont de la dernière beauté.

Cette gravure en bois ne ſervoit pas ſeulement à l'impreſſion des Livres chez les peuples Orientaux ; tout le monde ſait les autres uſages qu'ils en ont faits de tems immémorial, pour l'impreſſion & la fabrique des toiles peintes. La Chine, la Perſe, les Indes, le Japon, les iſles Maldives, l'Empire du grand Mogol, le Royaume de Pégu, nous ont fourni & nous fourniſſent encore de ces productions, d'autant plus admirables, que nous n'avons pû juſqu'ici atteindre à la perfection de ces ſortes d'ouvrages, du moins pour la couleur. Ces couleurs s'impriment ſur la toile, au moyen de pluſieurs planches de bois, ſur leſquelles les fleurs ou autres ornemens ſont gravées en relief : parmi ces planches, les unes repréſentent le trait des objets, les autres des maſſes ; elles ſont chargées de différentes couleurs & s'appliquent l'une après l'autre ſur les mêmes objets, ou chacune laiffe la teinte dont elle eft chargée. La·ville de Séronge, dans le Mogol, a l'avantage de fabriquer les plus belles *Chites* ou Toiles peintes. L'eau de la rivière qui coule le long de cette ville y eft favorable : après qu'elle a été troublée par les pluies qui durent plufieurs mois, les Ouvriers y trempent les toiles nouvellement peintes, la couleur y prend de la vivacité & un caractère ineffaçable.

Les Chinois & les Japonois ont fait encore un autre ufage de la Gravure en bois ; depuis un tems confidérable ils ont imprimé fur le papier le trait de leurs images ou figures, pour les colorer enfuite & les finir au pinceau : ils ont été plus loin , quelques-uns de leurs papiers peints font faits avec plufieurs planches gravées fur le bois & imprimées à plufieurs couleurs par rentrées, à la manière de leurs toiles.

Voilà donc déjà l'art de graver en bois connu & pratiqué avec fuccès

dans

dans de vastes pays long-temps avant
que nous en eussions connoissance ;
ce qui a fait penser à quelques Auteurs que l'invention de l'Imprimerie,
qui commença d'abord par la Gravure sur des planches de bois, tiroit
son origine de la Chine, & qu'il n'é-
toit pas possible que les Européens
n'eussent joui avant ce temps des
fruits d'un Art si pratiqué.

Je ne m'arrêterai pas à cette opinion, quelque vraisemblable qu'elle
soit, parce que les livres Chinois,
qui seuls pouvoient inspirer le goût
d'en faire autant, ne devoient guè-
re être connus des Artistes en Europe, dans un temps d'ignorance.
D'ailleurs, la vue d'un livre Chinois n'auroit point appris l'art de le
faire. Les toiles ou papiers peints en
différentes couleurs, & représentant
des fleurs ou des figures, ne donnoient point l'idée d'un livre : aussi
Guttemberg n'a-t-il point été puiser
dans cette source; il n'a pas eu besoin
d'aller chercher si loin des modèles

B

d'impreffion, qu'il a trouvés plus près.

Les Arts, quoique négligés dans les quatorzième & quinzième fiècles, n'étoient pas entièrement détruits : déjà la Peinture avoit fait de nouveaux progrès en Allemagne. Van-Eyck, Peintre à Bruges, avoit inventé vers l'an 1366, une nouvelle manière de broyer les couleurs avec de l'huile pour peindre ; ce qui étoit autant de découvert pour l'encre à imprimer, qui n'eft autre chofe que de la couleur broyée avec de l'huile, & qui par la fuite a reçu quelques modifications.

Ce font les Peintres, les Sculpteurs & les Deffinateurs qui les premiers ont fait ufage en Allemagne de la Gravure en taille de bois, pour conferver & multiplier leurs deffeins par l'impreffion. Cet Art connu & pratiqué avant Guttemberg, & dans lequel il n'étoit point Artifte, eft celui néanmoins qu'il a mis en ufage pour établir cette Imprimerie primitive en planche de bois, dont l'hiftoire eſt ſi fort embrouillée , tant par les préjugés de quelques Auteurs, que par le voile ſombre que l'ignorance des temps a jeté ſur les productions des Arts dans le xv<sup>e</sup>. ſiècle. Celui de la Gravure en bois ſur-tout, a été un des moins connus : le chemin qui conduit à ſon origine ayant été peu fréquenté, n'en devient que plus difficile à reconnoître. Je vais tâcher d'y pénétrer; & ſi je parviens à faire voir que l'exercice de cet Art étoit en uſage avant celui de l'Imprimerie , qui dans les commencemens étoit le même , j'aurai prouvé que Guttemberg n'eſt point l'inventeur de ce dernier.

# SECONDE PARTIE.

*Origine de la Gravure en taille de bois,*
*& ses premiers progrès.*

L'ART de graver sur le bois des
desseins ou figures, pour les imprimer sur le papier avec une encre
épaisse & gluante, & en former
des images, nous vient d'Allemagne.
C'est dans cette partie de l'Europe
que l'on voit la naissance de cet Art,
ses premiers progrès, & les plus
grands Artistes qui s'y sont distin-
gués. C'est aussi de l'Allemagne que
l'Art d'imprimer des livres avec des
caractères de bois, tire son origine.

Laquelle de ces deux parties de la
Gravure en bois a donné naissance
à l'autre ? Est-ce Guttemberg qui,
en gravant des lettres, a inventé &
enseigné l'Art de graver & d'impri-

mer des figures ? ou ne feroit-ce pas au contraire l'Art d'imprimer des fi- gures & des lettres qui auroit infpiré à Guttemberg le goût de faire un livre, & qui lui en auroit fourni les moyens ? Voilà le vrai point qu'il faut éclaircir.

Les premières productions de la Gravure en taille de bois n'annon- cent ni le temps, ni le lieu qui les a vû naître, ni l'Artifte qui les a enfan- tées ; mais ces mêmes productions, utiles à plufieurs Arts, vont nous prouver qu'elles étoient connues long- temps avant l'Art d'imprimer les livres. Il y a d'anciennes Églifes où l'on voit des tombes & des décorations d'airain du XIVe. fiècle, dont les ornemens & les lettres gothiques font en relief & entièrement conformes à nos pre- mières planches d'impreffion : une partie de ces objets font taillés au ciſelet, mais un grand nombre font fondus. Or, pour les jeter en fonte, il a fallu un modèle, qui, pour ces ou- vrages plats, devoit être fculpté fur

des planches de bois: les infcriptions
fur-tout étoient ainfi faites, afin de
pouvoir les imprimer fur le fable ou
fur la terre préparée pour recevoir la
fufion. Les anciens & nouveaux ouvrages de bronze, comme bas-reliefs,
cloches, canons & autres, font prefque tous chargés d'infcriptions avec
des caractères en relief, comme ceux
de nos premières impreffions.

L'ufage conftant des XIII, XIV &
XVe. fiècles, étoit d'accompagner les
ouvrages de Peinture & de Sculpture de lettres, foit au bas des fujets,
pour en expliquer fommairement le
fens, ou à côté, pour en marquer les
noms, ou enfin fur des rouleaux ou
bandes qui paroiffoient fortir de la
bouche, pour faire dire ce que l'on
vouloit; ce qui fe remarque fur différens monumens qui nous reftent de
ce temps, comme tableaux, tapiffe-
ries, vitres & bas-reliefs. Une partie
des infcriptions ou lettres qui font au
bas des Sculptures que l'on voit dans
les anciennes Cathédrales, font tail-

lées fur la pierre en relief, avec la furface plate, comme les premières planches d'impreffion. Celles que l'on voit à Notre-Dame de Paris, font de deux façons, en creux & en relief. L'infcription gravée fur le portique qui eft du côté de l'Archevêché, porte en fubftance que » le 12 de Fé- » vrier de l'an 1257, ceci fut com- » mencé en l'honneur de la Mère de » Jéfus-Chrift, du vivant de Jean » de Chelles, Maître Maçon. Cette infcription eft en lignes parallèles tail- lées en grandes lettres & de relief. Une autre infcription que l'on voit également à Notre-Dame, fous une petite figure repréfentant *Jean Ravy*, Sculpteur & Maçon, qui avoit com- mencé à fculpter les hiftoires qui font autour du Chœur de cette Églife à l'extérieur, prouve combien cet ufa- ge de graver des lettres eft ancien.

*C'eft Maître Jean Ravy qui fut Ma- çon de Notre-Dame de Paris par l'ef- pace de vingt-fix ans, & commença ces nouvelles hiftoires. Priez Dieu pour l'ame de lui.* B iv

*Et M<sup>e</sup>. Jean le Boutelier, son neveu, les a parfaits l'an 1351.* *

On voit encore dans le Chœur & dans les cloîtres d'anciennes Eglises, des ornemens gothiques du XIV<sup>e</sup>. siècle sculptés sur le bois avec de ces sortes d'inscriptions, sur lesquels il n'y a que de l'encre & du papier à mettre pour en tirer l'impression.

Voilà donc tout l'art & le méchanisme des planches en caractères de bois en usage long-temps avant Guttemberg. Quant à l'impression, on peut la faire paroître encore avant lui.

Les Cartes à jouer, qui, comme on sait, sont imprimées avec des planches de bois ** gravées, & ensuite colorées, étoient en usage en France, en Allemagne, en Italie & en Angleterre, avant l'invention de l'Imprimerie. M. Bullet, dans son Livre intitulé, *Recherches histori-*

---

* Description de Paris de Piganiol, *tom. I, pag.* 359.

** Les premières cartes furent peintes, ou dessinées, & imprimées si-tôt après que ce jeu commença à devenir à la mode.

ques *fur les Cartes à jouer*, qu'il vient de faire imprimer à Lyon , fait remonter l'origine des Cartes vers l'an 1376 , trois ou quatre ans avant la mort de Charles V, Roi de France. Il appuie fon opinion fur la chronique de *Petit-Jehan de Saintré*, qui dit que les Pages de ce Prince jouoient aux dez & aux *Cartes*. Il dit que *Jean I* , Roi de Caftille, défendit les dez & les *Cartes* dans fes États, par un Édit de 1387. Le P. Meneftrier , Jéfuite , dans fa *Bibliothèque curieufe & inftructive* , cite une fomme paffée à la Chambre des Comptes pour un jeu de Cartes acheté en 1391 , afin de divertir Charles VI , qui commençoit à être en démence ; puis il ajoute que les Allemands ayant été les premiers qui aient gravé en bois , furent auffi les premiers qui firent les moules des Cartes , qu'ils chargèrent de figures extravagantes.

Il eft plus que vraifemblable que ceux qui gravoient ainfi des figures , & qui les imprimoient pour faire des

Cartes, ne bornoient pas leurs talens à ce feul objet. Les anciennes gravures ou images en taille de bois confervées au Cabinet des Eftampes du Roi, & d'autres que l'on voit dans celui de quelques Curieux, fur lefquelles on n'aperçoit aucune marque de temps, de lieu, ni d'Artifte ; d'autres portant quelques marques ou monogrammes, mais que l'on n'a pû attribuer à aucun Graveur connu , font fans doute l'ouvrage de ces Artiftes qui exerçoient l'art de graver en bois avant l'Imprimerie. Il fuffit de fuivre ces anciennes impreffions, tant en images qu'en Livres, pour fe convaincre que les premières ont le droit d'aîneffe.

Les plus anciennes en taille de bois qui nous reftent, font plufieurs Livres d'images qui font dans le précieux Cabinet d'antiquités Typographiques de M. le Préfident de Cotte ; l'un en 46 planches, connu fous le nom d'hiftoire d'ancien & nouveau Teftament ; un autre en 47 planches ,

repréfentant l'hiftoire de S. Jean &
de l'Apocalypfe. Ces images ou eftampes, groffièrement faites dans le
goût gothique, font entièrement femblables, pour le deffein & le faire, aux
bas - reliefs dont j'ai parlé ci-deffus.
On y voit également quelques mots,
foit au deffous, foit dans le milieu
des eftampes, tantôt aux pieds des
figures, tantôt au fortir de leur bouche. Ces eftampes ont 7 pouces de
large fur 9 de haut ; elles font imprimées d'un feul côté du papier avec
une encre grife en détrempe. Les figures de l'hiftoire de S. Jean * font
de plus enluminées. Les eftampes de
ce Livre font dos à dos , & entre
deux eft une feuille du même papier,
portant la même marque du Fabri-
quant , fur laquelle font écrits en
vieux langage Flamand le texte de
l'Apocalypfe & le fujet des figures.
Cette écriture eft faite à la main des

---

* Cette hiftoire de S. Jean en Eftampes provenoit de
la Bibliothèque de M. Vilenbroek, Magiftrat de Hollande.
Elle fut achetée 200 florins par M. de Boze en 1729.

deux côtés du papier, avec de l'encre pâle & jaunie par le temps, le tout relié enfemble & confervé dans fa reliure antique ; d'où l'on peut conclurre que l'écriture & l'impreffion font du même temps. M. Mariette, Contrôleur général de la grande Chancellerie, a un exemplaire pareil contenant les mêmes figures, avec cette différence, qu'il n'y a point de feuilles manufcrites, & que quelques-unes des figures ne font pas entièrement femblables, & paroiffent d'une autre main.

Les Hollandois revendiquent ces impreffions comme des preuves de l'origine de l'Imprimerie à Harlem avant toutes les autres villes. Boxhornius, dans fon Théâtre de la Hollande, s'appuie beaucoup fur ces prétendus Livres, pour en faire honneur à cette ville. Ils prouvent au contraire contre lui ; car ceux qui ont gravé & imprimé ces figures, n'ont jamais prétendu faire un Livre, mais feulement des images. Si c'eût été des premières productions de notre Imprimerie, les feuilles manuscrites auroient été imprimées avec les figures.

J'en dis autant de celles qui sont à la tête d'un Livre ancien, connu sous le titre de *Speculum humanæ salvationis*, * au nombre de 58 planches dessinées au trait, & très-bien gravées pour le temps, imprimées d'un seul côté du papier, au dessous desquelles on a ajouté, par une seconde impression, une explication Latine en Prose rimée, en caractères gothiques de bois, tant fixes que mobiles, le tout formant un petit *in-folio*.

Ces cinquante-huit estampes en forme de vignettes, séparées au milieu par un ornement gothique, & chargées de quelques mots pour faire parler les figures ou les expliquer, n'ont point été gravées, non plus que

* On a beaucoup parlé de ce Livre, & on l'a peu connu. Quatre exemplaires qui sont dans Paris, savoir, à la Bibliothèque du Roi, dans celles de Sorbonne, des Célestins, & chez M. le Président de Cotte, que j'ai tous examinés avec attention, font partie de trois éditions différentes, dont je rendrai compte ailleurs.

les précédentes, pour faire un Livre, encore qu'elles se trouvent en tête d'un des plus anciens que l'on connoisse. Il est visible que les caractères que l'on a imprimés dessous, ont été faits long-temps après les planches. Voici comme je le prouve. Les planches ou figures portent les marques d'un long service : des traits ou filets qui bordent ces vignettes, sont cassés & crénelés en différens endroits. Ceux qui connoissent l'usage de la gravure en bois, savent qu'une planche peut fournir à trente ou quarante mille beaux exemplaires, même à cent, si elle est faite sur du buis. Les caractères, au contraire, ont toute leur fraîcheur. Ces estampes ou vignettes, & le caractère qui se trouve dessous, sont imprimés à deux fois ; ce qui ne seroit certainement point arrivé, si celui qui a gravé les figures avoit eu dessein d'en faire un Livre ; car il les auroit gravées sur la même planche que le caractère, ou il les auroit arrangés ensemble, pour

les imprimer d'une feule fois. On y
voit tout le contraire : ces vignettes
font imprimées plus ou moins près du
caractère, & plus ou moins droit ;
celle-ci s'approche par un coin &
fuit par l'autre ; celle-là fait un effet
contraire, femblable à nos gravures
en taille douce, qu'on imprime fans
foin dans nos Livres, & qui vont
quelquefois jufqu'à couvrir le caractère. De plus ces vignettes font de
différentes teintes de couleur grife,
les unes plus ou moins foncées, les
autres prefque noires, & d'autres enfin jaunâtres. Le caractère fixe eft
auffi en gris, mais par fois d'une teinte
différente de la vignette, & le caractère mobile eft noir. L'édition des
Céleftins eft entièrement en caractère mobile & très-noir, pendant que
l'eftampe eft grife comme celles des
autres exemplaires. On ne peut pas
donner de preuves plus évidentes
d'une double impreffion, & rien ne
démontre plus clairement que les eftampes & le caractère n'ont point été

faits l'un pour l'autre, d'où l'on peut conclurre que ces eſtampes étoient, comme les précédentes, une ſuite d'images imprimées, auxquelles on ajoutoit l'explication à la plume ; & après l'invention de l'Imprimerie, on aura ajouté ſous ces eſtampes déjà imprimées, l'explication en caractères ſous la preſſe, au lieu de les faire à la main.

Ce qui me perſuade encore que cet Art de graver & d'imprimer des images & des lettres, pour en expliquer le ſens, étoit en uſage long-temps avant Guttemberg & l'invention de l'Imprimerie, ce ſont d'autres anciens monumens d'impreſſions qui nous reſtent, pareils à ce dernier. J'en ai vû un de ce genre dans le Cabinet de M. Mariette, intitulé *Ars moriendi*, en 24 pages imprimées, à la manière des eſtampes, d'un ſeul côté. Chaque page porte en tête une eſtampe ou vignette repréſentant les miſères de la vie humaine. Le caractère, qui eſt fixe ſur la même planche, eſt groſſiè-
rement

rement gravé, & repréfente une mau-
vaife écriture du XIV<sup>e</sup>. fiècle.

M. Clément, dans fon Livre intitulé, *Bibliothèque curieufe, hiftorique
& critique, &c.* dont les premiers volumes font imprimés depuis quelques
années à Hanovre, nous donne la
defcription de quelques-uns de ces
anciens Livres, comme, *Ars memo-
randi notabilis per figuras Evangeliſta-
rum. Hiſtoria Beatæ Mariæ Virginis
in figuras*, & autres, imprimés de même d'un feul côté avec des caractères fixes fur des planches de bois,
avec des figures. Ces fortes de Livres étoient inconteftablement l'ouvrage des Graveurs en bois, & non
de ceux qu'on a appelés par la fuite
*Imprimeurs*; auffi ne font-ils pas at-
tribués à Guttemberg, mais on les
regarde avec plus de fondement
comme ayant été faits à Strasbourg,
Harlem, Ausbourg & autres villes
d'Allemagne, où il fe trouvoit des
Peintres & Sculpteurs, qui font ceux
qui les premiers ont fait ufage de la

C

gravure. Indépendamment des preuves que j'en donnerai ci-après, je vois dans *l'Histoire des Peintres Flamans, Allémans & Hollandois*, par M. Defcamps, que *Quentin Meffis*, né à Anvers vers l'an 1450, qui de Maréchal ferrant devint Peintre, s'amufa dans fa jeuneffe, à la fuite d'une maladie, à deffiner d'après des gravures en bois. Voici le trait. *On rapporte qu'une Proceffion anciennement établie pour des lépreux ou autres malades, dans laquelle on diftribuoit des images de Confrairie,* GRAVÉES EN BOIS, *lui donna lieu* ( à Meffis ) *de connoître fon talent. Il lui tomba entre les mains une de ces images, qu'on lui confeilla de copier pour fe defennuyer; ce qu'il fit avec tant d'ardeur & de difpofition, qu'il continua depuis, & devint bon Peintre.* En fuppofant que ce Quentin Meffis, né vers 1450, deffinoit à 18 ou 20 ans ces images faites pour cette Confrairie *anciennement établie,* il s'en fuivra qu'on les imprimoit avant Guttemberg, & que par conséquent il n'a pas enseigné le premier cet Art. S'il l'eût fait, il auroit obligé bien des ingrats, puisqu'aucuns Graveurs, soit anciens, soit modernes, ne l'ont mis au nombre de leurs Maîtres, ni même de leurs Disciples, parce qu'en effet il n'étoit ni l'un ni l'autre. Pour nous en convaincre, suivons-le dans ses opérations.

Guttemberg étoit de la ville de Mayence, mais domicilié à Strasbourg * ; on le voit établi dans cette dernière ville en 1439, 1441, 1442, & 1444. Différens Regîtres de Strasbourg nous le représentent comme ayant établi d'abord une Société pour la polissure des Pierres, qui eut du succès ; puis une autre avec trois Bourgeois de cette ville, qui sont nommés, André Treize, Jean Riff, & André Hilmann, *pour mettre en œuvre PLUSIEURS Arts & Secrets merveilleux.* Cette Société ne paroît point

* Mémoires de l'Académie des Inscriptions & Belles-Lettres, *tome* 17, *page* 762.

avoir subsisté, du moins les noms ci-dessus ne reparoissent plus. On le voit encore faisant des cessions & cautionnemens, & enfin nommé aux Rôles des Impositions ; & après 1444, aucun acte ne parle de Guttemberg. Nous l'allons retrouver à Mayence, sa patrie, faisant encore une nouvelle Société, non inscrite sur les Regîtres publics, comme à Strasbourg, mais secrètement, pour faire en cachette ses premières impressions de Livres. Jean Fauft, Bourgeois & Orfèvre de Mayence, est son seul & unique associé ; celui-ci est le bailleur de fonds, & Guttemberg le propriétaire du Secret.

L'Abbé Trithème, qui a le premier parlé de l'origine de l'Imprimerie, & qui tenoit ce qu'il en savoit de Pierre Schoiffer, premier associé de Fauft, dit que Guttemberg & Fauft faisoient jurer un secret inviolable à leurs ouvriers, & que leur premier Ouvrage fut une Bible.

Ce secret juré & gardé par les ouvriers me paroît être un article important, dont on peut tirer les plus fortes inductions en faveur du sentiment que je propose. Si cet Art eût été nouveau & inconnu, il étoit inutile de garder le secret. Les Sculpteurs, les Horlogers, les Orfèvres, & autres Artistes, n'ont pas eu besoin du secret pour faire réussir leurs talens, parce que ce qui est l'effet de l'art, de l'étude & de l'usage, ne s'apprend point d'un seul mot & comme en passant. Il n'en étoit pas de même de l'entreprise de Guttemberg; il vouloit faire un ouvrage nouveau avec un Art connu & pratiqué ailleurs, & déguiser l'ouvrage de manière qu'il ne parût point être l'effet de cet Art. Je m'imagine l'entendre dire à ses ouvriers : Mes enfans, tout l'avantage de notre entreprise dépend de deux choses principales ; la première est qu'on ne sache point qu'elle est l'effet de la gravure en bois, parce que nous serions bien-tôt imités dans les autres villes d'Allemagne ; la seconde , c'eſt qu'on ne s'aperçoive pas même qu'elle eſt l'effet de l'Art, parce que vendant nos Livres pour manuſcrits , nous gagnerons davantage ; & pour cela, il faut garder inviolablement le ſecret que nous exigeons de vous. Enfin c'étoit une énigme dont il ne falloit pas dire le mot.

En effet, cette Bible a été faite ſans aucune marque ſenſible de la gravure en bois ; il n'y a aucun ornement qui puiſſe déceler cet Art ; les lettres ſeulement ſont gravées & imprimées , les ſommaires ſont écrits à la main en lettres rouges , & à chaque chapitre ils ont laiſſé une place vuide , plus ou moins grande, pour y faire peindre la première lettre en mignature , ſuivant l'uſage du temps pour les manuſcrits , & aider par là à la ſéduction.

On ne fait pas une entrepriſe ſi hardie avec un Art naiſſant , ſur-tout lorſqu'il s'agit de mettre la pénétration humaine en défaut , en lui faiſant prendre de l'imprimé pour de l'écriture. Cette édition-là même eſt proprement imprimée ; les lettres, qui font mobiles, font fi correctes, qu'elles annoncent pluſtôt la perfection de l'Art que fon commencement. Je doute même que dans le temps où nous vivons, l'on pût en faire autant, & fi bien, avec des caractères mobiles de bois. Cette Bible, fans date & fans nom de lieu ni d'Artifte, a dû être commencée vers 1450; elle a été vendue à Paris & ailleurs par Fauſt, comme manufcrite. Ce ne fut que la quantité qu'il vendit à différens prix * qui le fit pourfuivre comme furvendeur, & non comme magicien, ainfi que la fimplicité de quelques Auteurs l'a voulu faire croire. .

J'ajoute que puifque Guttemberg & Fauſt faifoient faire cet ouvrage par des ouvriers dont ils exigeoient le fecret, cet Art étoit donc déjà pratiqué : ce n'eſt pas Guttemberg qui les a endoctrinés & mis tout à coup en état de faire des ouvrages parfaits.

---

* Naudé rapporte qu'il la vendit d'abord 60 écus, puis en defcendant jufqu'à 30, & même 20.

Nous le voyons à Strasbourg faisant usage de son industrie en formant des sociétés pour différentes entreprises ; il nous est représenté comme intéressé, & non comme Artiste. Ce n'est pas Faust non plus, il étoit Orfèvre & non Graveur : c'étoient donc tout naturellement des ouvriers dans ce genre, que Guttemberg avoit amenés avec lui de Strasbourg à Mayence. Parmi ces ouvriers, l'Histoire nomme Jacques Meydinbach, dont on n'entend plus parler dans la suite. Cet ouvrier étoit vraisemblablement Graveur en bois. Ce qui appuie cette idée, c'est que le premier qui leva une Imprimerie à Mayence, après Schoiffer, fut un Jean Meydinbach, fils ou parent de Jacques, qui en 1491 imprima un Livre intitulé, *Hortus Sanitatis*, en caractères de fonte, & avec des figures en taille de bois. Il orna, sans doute, cette édition de son savoir faire particulier. M. Christ, Auteur du Dictionnaire des Monogrammes, nous présente à quelque - tems de là un

Gafpard Meydinbach , qui *deſſinoit à Cologne des ſujets d'hiſtoires pour les Graveurs en bois* ; ce qui fait croire que cette famille étoit attachée à cet Art.

Cette première Bible imprimée , qui a été le dernier fruit de la ſociété de Guttemberg avec Fauſt, a été ſi peu connue , qu'on l'a confondue ſouvent avec la première en caractères de fonte, faite par Fauſt & Schoiffer en 1462 ; & M. David Clément, dont j'ai parlé ci-deſſus , finit par en nier l'exiſtence. Cette Bible , cependant, a été ſi bien finie, qu'il en exiſte deux exemplaires dans Paris ; l'un complet, à la Bibliothèque du Roi ; & le ſecond volume ſeulement de l'autre, à la Bibliothèque du Collège Mazarin. Quelque choſe de mieux, c'eſt que ces deux exemplaires ſont de deux éditions différentes, conſtamment faites avec les mêmes caractères mobiles de bois , page pour page, colonne pour colonne , mais avec quelques différences dans la compofition, qui caractèrifent la feconde édition. J'ai fait un relevé de quelques-unes de ces différences, ainfi que de celles du *Speculum humanæ falvationis*, qui ne laifferont aucuns doutes fur ces diverfes éditions, & qui ferviront à éclaircir d'autres points de l'hiftoire de l'Imprimerie, mais qui me mèneroient trop loin pour le préfent. Revenons à la divifion de nos deux affociés ; elle va développer tout l'Art de la Gravure en bois , & nous le montrer dans fa perfection.

Cette Bible étant faite & vendue, en tout ou en partie, nos deux affociés fe rendirent compte, & fe brouillèrent. Fauft employa dans fes comptes une fomme de 1600 florins, à laquelle il ajouta les intérêts & les autres fommes qu'il avoit données pour trouver de l'argent , & en forma un capital de 2000 florins ou environ. Guttemberg refufa de payer les intérêts, difant que Fauft ayant fourni les fonds en différentes occafions pour payer les ouvriers, le parchemin , le papier, l'encre , & ne lui ayant donné que 300 florins feulement par an pour d'autres befoins , la demande qu'il faifoit des intérêts étoit ufuraire. En conféquence intervient Sentence du Juge , qui ordonne que Fauſt fera tenu d'affirmer que cet argent ne vient pas de fon propre fonds , mais qu'il l'a emprunté , & qu'il a payé lefdits intérêts ; auquel cas Guttemberg fera obligé de lui en tenir compte. Ce que Fauſt ayant accepté , il fe rendit le 6 Novembre 1455 dans une Salle du Couvent des Récollets de Mayence , & là , en préfence des témoins des deux parties , & de Helmafperger , Clerc de l'Evêché de Bamberg , Écrivain public, autorifé par l'Empereur , & Notaire de Mayence , il fit le ferment qui rendit Guttemberg débiteur , & qui devint le fceau de leur féparation.

On ne voit plus dans aucune des éditions de Fauſt , après cette féparation , les caractères de la Bible , qui étant mobiles , auroient fûrement été

employés. Il eſt très-vraiſemblable
que Guttemberg étant le chef de l'entrepriſe, les aura gardés pour conti-
nuer l'exercice de ſon Imprimerie, &
c'eſt ſûrement avec ces caractères
qu'il aura fait cette ſeconde édition
de la Bible dont je viens de parler,
ſur laquelle je m'étendrai davantage
dans un autre temps. Pour Fauſt, il ne
lui reſtoit d'autre parti que de faire un
nouvel établiſſement qu'il pût oppo-
ſer à celui de Guttemberg. C'eſt-là
que nous allons voir cette gravure en
bois dégagée des nuages épais qui la
couvroient.

Il ne s'agit plus ici d'énigme ni de
ſecret, le mot eſt divulgué, & l'Art
eſt reconnu ; ainſi, pour en tirer parti, Fauſt s'aſſocie avec Schoiffer, le
plus intelligent & le plus habile de
cette Typographie naiſſante ; & pour
l'emporter ſur Guttemberg, qui de-
venoit leur antagoniſte, ils emploient
ouvertement toute la perfection de
l'art de graver en bois, caché dans la
première ſociété. Ils gravent de nou-

veaux caractères mobiles de bois de deux grosseurs différentes , dont le plus petit est plus gros que celui qui avoit servi à la Bible *. De plus, ils font tout de suite de grandes lettres de 4 & 5 pouces de haut, chargées d'ornemens, de fleurs & d'animaux, très-délicatement gravées, pour tenir lieu des mignatures qu'on avoit employées jusqu'alors. Enfin , moins de deux ans après la première société , ils donnent pour premier Ouvrage un chef-d'œuvre d'impression, qui est un Livre in-folio contenant les Pseaumes , avec des Antiennes & des Répons ; & comme il n'est plus temps de faire passer ce Livre pour manuscrit , ils ont soin d'avertir , par une souscription qui est à la fin du Volume , imprimée avec une encre pourpre, que ce Livre est fait , *non à la plume , mais imprimé par un nouvel Art , & orné de* GRANDES CAPITALES.

---

* L'un répond, pour la grosseur, à ce que nous appelons *gros Canon*, & l'autre au *petit Canon* ; celui de cette Bible , à celui que nous nommons *petit Parangon.*

*Par Fauſt & Schoiffer. Mayence,
1457.* Cette ſouſcription eſt accom-
pagnée des armes ou marque de ces
deux Imprimeurs, en deux écuſſons
ſoûtenus enſemble, gravés en bois,
& imprimés de même, couleur de
pourpre. Quant à ces grandes capitales annoncées, c'eſt la choſe la plus
curieuſe en ce genre qu'il y ait jamais
eu dans l'Art Typographique ; elles
ſont imprimées par rentrée de trois
couleurs, bleu, rouge & pourpre, à
la manière des Camayeux, & cela
avec une juſteſſe & une préciſion
étonnantes ; & pour s'aſſurer que ces
lettres ſont ainſi imprimées à diverſes
couleurs, & non enluminées, M. de
Boze *, à qui appartenoit l'exemplaire que j'ai vû, fit examiner à Vien-
ne, dans la Bibliothèque de l'Empereur, un même exemplaire qui s'eſt
trouvé entièrement conforme au ſien :
de plus, le tacte de la preſſe eſt bien
différent de celui du pinceau. Les let-

---

* Ce Livre fait partie du précieux Cabinet de M. le Préſident de Cotte.

tres du texte & des Antiennes font gravées d'une belle forme gothique, avec une égalité furprenante, & très-bien imprimées, d'un beau noir.

Que l'on préfente aujourd'hui ce Livre à tous nos Typographes affem-blés, & qu'on les charge d'exécuter un pareille impreffion par rentrée de plufieurs couleurs, ils ne la feront sûre-ment pas auffi proprement que celle-ci ; cependant c'eft-là le premier Li-vre qui foit connu par une date, & où l'on trouve les noms des Artiftes & de la ville.

Quand Fauft & Schoiffer difent qu'ils ont fait ce Livre par un art nou-veau, ce n'eft pas l'art de graver en bois dont ils veulent parler, puifque Guttemberg les avoit déjà devancés, & que deux ans après avoir publié ce Livre, ils ont encore annoncé la mê-me chofe pour un autre, fait d'une toute autre manière qu'avec du bois ; mais la nouveauté étoit d'avoir fait par cet Art un Livre entier qui imite la plus belle écriture du temps, ce qui n'avoit pas été entrepris jufqu'à Gut-temberg, encore qu'on l'eût déjà exé-cuté en partie, mais fans aucun def-fein de faire un Livre.

Le fecond Ouvrage de cette focié-té eft un volume in-fol. intitulé, *Du-randi Rationale divinorum Officiorum*, imprimé en caractères de fonte, & à la fin duquel eft encore une foufcription qui porte, comme dans l'autre, que ce Livre n'eft point l'effet de la plu-me, mais qu'il a été imprimé à Mayen-ce par un Art nouveau, en 1459, & *orné de grandes Capitales.*

Ces capitales font dans le même goût que les précédentes, imprimées par rentrée, mais feulement à deux couleurs, rouge & bleu. Or comme par ces nouveaux caractères de fon-te Schoiffer étoit bien au deffus de Guttemberg, qui ne pouvoit pas l'i-miter en cette partie, il ceffa d'em-ployer de ces fortes de capitales, tou-tes belles qu'elles étoient, auffi n'en voit-on plus dans la fuite des Ouvra-ges qu'il a imprimés depuis.

Ces

Ces fortes d'impreſſions par rentrée à pluſieurs couleurs, & ces gravures d'ornemens qui annoncent la ſcience du deſſein, n'entroient point dans le plan de la première ſociété ; par conſéquent Guttemberg n'avoit dû ni s'en inſtruire, ni l'enſeigner aux autres. Or comment ſe fait-il que deux ou trois mois après qu'il a rompu ſa ſociété, il ſe trouve des gens qui portent tout d'un coup ces Arts de gravure & d'impreſſion à un ſi haut degré de perfeƈtion ? Car, dès la première page de ce Livre des Pſeaumes, on voit déjà une de ces Lettres, qui occupe preſque la moitié de la hauteur de la feuille. Cela vient donc de ce que l'art de graver des images étoit déjà très-pratiqué, & que pour les imprimer, on avoit inventé & la Preſſe, & la compoſition des couleurs, d'autant moins difficile à trouver, que déjà la peinture à l'huile étoit inventée, comme je l'ai dit, & que ce ſont les Peintres qui les premiers ont fait uſage de la gravure en bois,

D

comme nous l'allons bientôt voir.

Ces lettres imprimées à la manière des Camayeux, me rappellent que l'on voit dans le Cabinet du Roi, & chez quelques curieux, des eftampes en clair obfcur, imprimées ainfi par rentrée à plufieurs couleurs, qui portent toutes les marques de leur antiquité, fans avoir celles de temps, de lieu, ni d'Artifte.

Si cela ne fuffit pas pour prouver que Guttemberg, Fauft, ni Schoiffer ne fcnt point les inventeurs de l'Art par lequel ils ont fait leurs premiers Livres, l'étendue de cet Art, & fa perfection dans le temps que l'Imprimerie nouvelle en caractères de fonte ne faifoit que commencer, le prouveront inconteftablement.

# TROISIÈME PARTIE.

*Étendue de la Gravure en taille de bois, sa perfection, grands Artistes qui l'ont pratiquée, son ancienneté par rapport à la Gravure en taille-douce, & sa décadence.*

GUTTEMBERG n'avoit aucun besoin de dessiner, ni de graver des figures & des ornemens, encore moins de les imprimer à plusieurs couleurs, cela étoit contraire à son objet, comme je l'ai dit ; donc ce n'est pas lui qui a enseigné cet Art. Si-tôt après qu'il a rompu sa société, Faust & Schoiffer font travailler à une édition dans laquelle entre tout l'Art de la Gravure en bois, tant pour les ornemens que pour l'impression, Art qui n'avoit point paru dans la première société, & qui ne peut s'apprendre en quelques mois ; donc il étoit connu & pratiqué avant eux.

Le Pſeautier dont je viens de parler, eſt le ſeul Livre que Fauſt & Schoiffer aient fait en caractères de bois par un méchaniſme commun avec Guttemberg, qui peut les imiter & les ſuivre : il faut donc chercher d'autres moyens. La néceſſité, cette mère de l'induſtrie, fournit à l'intelligent Schoiffer l'idée d'établir une toute autre Imprimerie : il grave des lettres ſur l'acier & en forme des poinçons, il en fait l'empreinte ſur de petits morceaux de cuivre pour en faire des matrices, il invente & fabrique un moule, choiſit ou compoſe un métal, & fond de nouvelles lettres dont le *Catholicon Johannis Januenſis* eſt le premier fruit, mais qui eſt précédé, pour la publication, par le *Durandi Rationale divinorum Officiorum.* *

---

* Ce Livre curieux eſt le premier fruit qui ait paru, du véritable Art Typographique, le 6 Octobre 1459. Il ſe trouve à Paris à la Bibliothèque du Roi, chez M. le Préſident de Cotte, & chez M. Gagnat.

Le Catholicon, qui n'a paru qu'un an après, quoiqu'il eût été commencé le premier, a été l'eſſai de cette nouvelle manière d'imprimer, ainſi que je le prouverai ailleurs.

Voilà le véritable Art Typographique inventé à Mayence par Pierre Schoiffer vers l'an 1457. Ce ne fut qu'en 1462 que ce nouvel Art d'imprimer commença à se répandre. Le premier Élève de cet Inventeur de l'Art ayant appris à graver des poinçons & à fondre des lettres, forma promptement plusieurs Imprimeries, qui en peu de temps se multiplièrent à proportion de la beauté & de l'utilité de l'Art.

Cette nouvelle manière d'imprimer ne fournissoit plus aucune idée de la gravure en bois, & en étoit entièrement indépendante : cependant, si une partie des premières éditions faites en différentes villes, portent les marques de cet Art par des estampes, vignettes, lettres grises, &c. dont on pouvoit se passer, ce sera une preuve évidente que cet Art étoit déjà fort étendu, comme nous l'allons voir : suivons-le un peu en détail, du moins quant aux premières productions & aux premiers Artistes.

Les différentes hiſtoires des Peintres , Sculpteurs, Graveurs , &c. par
de Piles , Félibien, Florent le Comte , Deſcamps , plus encore le Dictionnaire des Monogrammes de M.
Chriſt , le Catalogue de M. l'Abbé
de Marolles , des anciennes éditions
de Livres , & des Mémoires qui m'ont
été donnés par M. Papillon , célèbre
Graveur en bois , nous font connoî-
tre une partie de ces eſtampes en taille de bois , & quelques-uns de ceux
qui les ont faites. Ces productions
& ces Artiſtes font trop généralement ignorés pour les ſervices qui
en ont réſulté par rapport aux autres
Arts.

Le Cabinet des eſtampes de la Bibliothèque du Roi contient environ
treize mille ſept cens eſtampes ordinaires , & plus de ſix cens en clair
obſcur ou camayeu, le tout en taille
de bois , ſur quelques-unes deſquelles
on voit le nom ou la marque de ceux
qui les ont faites, avec l'année ; d'autres avec des marques qu'on ne peut

appliquer à aucun Graveur connu ;
enfin les plus anciennes, fans aucunes
marques quelconques qui puiffent dé-
figner le temps, le lieu & l'Artifte ;
ce qui a fait diftinguer ces Graveurs
en deux claffes, dont l'une contient
ce qu'on appelle les vieux Maîtres,
les uns connus, les autres diftingués
par quelques lettres initiales de leur
nom, ou quelques marques particu-
lières, comme *une Pelle*, *des Chan-*
*deliers*, *une Dague*, *une Licorne*, *une*
*Étoile*, & autres figures femblables ;
l'autre claffe comprend les grands
Maîtres connus par leurs noms &
leurs œuvres.

Parmi les premiers on voit *Auguf-*
*tin Hirschvogel* le jeune, de la ville
de Nuremberg. Un A, une H & une
F liées enfemble, furmontées d'une
croix, un hibou avec deux oifeaux
qui l'attaquent, font la marque de ce
Graveur : on voit ce monogramme
avec l'année 1445. dans le Dictionnaire de M. Chrift. *Un* autre *mono-*
*gramme*, dit cet Auteur, *compofé d'un*

1545

D iv

I , *d'un* O , *d'un* V , *avec trois sceptres qui se croisent au milieu* , *sert de marque sur d'anciennes gravures en bois à deux couleurs en manière grise.* J'ai vû chez M. Papillon une estampe ainsi gravée, portant cette marque; elle repréfente un homme de guerre cuiraffé à cheval, avec son valet.

*Guillaume Baur* , Peintre & Graveur de Strasbourg, eft mort, fuivant de Piles, en 1464 ; il gravoit en bois & au burin.

*Albert Dure*, élève de *Martin Schon* & de *Hupfe Martin*, Peintre & Graveur, a commencé par graver en bois. *André Manteigna*, Peintre d'Italie, fit ufage de cet Art : on voit de lui un grand triomphe , qu'il grava à Rome en 1486.

Puifqu'il y avoit déjà de grands Maîtres connus dans ce temps, il ne faut point s'étonner de voir tant de gravures dans les anciennes éditions: la plûpart font mauvaifes à la vérité, cependant il s'en trouve de très-belles. En tout temps il y a eu des maîtres & des difciples, des gens habiles & des ignorans.

M. Clément, dans fa *Bibliothèque curieufe*, &c. fait la defcription de quelques Bibles ornées de figures en bois, l'une en Allemand par Bamler ou Sorg, a Ausbourg en 1477, *en taille de bois;* une feconde Bible Allemande in-fol. fans date ni lieu d'impreffion, avec des figures ; une troifième Bible fans date ni lieu d'impreffion *en plat Allemand. Cette Bible*, dit M. Clément, *eft en caractère gothique, tout y refpire la vénérable antiquité..... les figures gravées en bois font affez grotefques & enluminées ;* une quatrième Bible Allemande à Nuremberg chez Ant. Koburger en 1483, *enrichie de figures en bois & enluminées ;* une cinquième Bible Allemande du même Koburger en 1490 ; une fixième Bible Allemande avec des figures en bois *affez grotefques.... les lettres initiales font auffi imprimées en bois avec des ornemens....* à Lubec, chez Eftienne Arndes.

J'ai vû à la Bibliothèque du Roi quelques Bibles ornées de pareilles gravures: l'une Italienne en deux parties in-f. ne faifant qu'un feul volume, imprimée à Venife *per Gioanne Ragazo* en 1490, repréfente différens traits de la Bible dans de petites eftampes au haut des pages ; elle eft ornée d'un grand frontifpice gravé délicatement au feul trait, dans le goût gothique. Un autre Livre in-fol. intitulé *Expofitions de la Bible*, eft imprimé en caractères gothiques, gros & matériels, avec des figures en bois, le tout fans date, & fans nom de lieu ni d'Imprimeur ; il porte feulement que ces *Expofitions de la Bible font faites par un très-excellent Clerc, lequel par fa fcience fut Pape, & après la tranflation a été veu, leu & correct de poent en poent par venerable Docteur Maiftre Jullien, de l'ordre des Auguftins de Lion fur le Rofne.* J'ai vû encore un autre Livre avec ce titre: *Alvarus Pelagius, Summa de Planctu Ecclefiæ*, 2. vol. in-fol. imprimé à Ulm en 1474 par Jean Zeiner de

Ruttingen. Ce Livre eſt orné d'anciennes capitales Allemandes, connues depuis ſous le nom de *Lettres Tourneures* ; elles ſont gravées en bois avec plus ou moins d'ornemens ; il s'y trouve des figures de Papes, & autres, fort bien gravées.

On voit dans le Cabinet de M. le Préſident de Cotte, une Bible Latine en caractères de bois, ſans date & ſans nom de lieu ni d'Artiſte, différente de celles qui ſont à la Bibliothèque du Roi & au Collège Mazarin, dont j'ai parlé ci-deſſus. Cette Bible eſt ornée de lettres griſes plus ou moins grandes, gravées en bois. On imprima à Paris en 1477, près les Jacobins de la rue S. Jacques, la Rhétorique de Cicéron avec des mêmes lettres griſes. En 1490 des Heures pour Antoine Vérard, & en 1492 d'autres Heures pour Robin Challot, tous deux Libraires, furent imprimées avec des ornemens gravés délicatement en bois. Un Graveur nommé Iollat, travailloit très-proprement à Paris vers

1490 ; il fit dans ce temps pour Go-
defroi de Marnef la danse des morts
en 24 estampes très-bien gravées au
trait ; il a fait différentes gravures très-
délicatement exécutées en 1502 & sui-
vantes, pour Simon Vostre, Philippe
Pigoujet & Simon de Colines, Imprimeurs à Paris. Sebastien Brant, autre Graveur, fit en 1490 cent figures
d'après Jacques Locher, que l'on voit
dans un Livre intitulé *Stultifera navis.*

Je ne finirois pas si je voulois rapporter toutes les gravures en bois que
l'on trouve dans des Livres imprimés
avant le XVI<sup>e</sup>. siècle. J'en ai dit assez
pour faire connoître que les Impri-
meurs ont trouvé cet Art établi avant
eux dans différentes villes : voyons
à présent la suite de ses progrès, &
sa décadence.

Le commencement du XVI<sup>e</sup>. siècle est à peu-près l'époque du renou-
vellement & du progrès des Arts, en-
sevelis, pour la plus grande partie,
dans les ténèbres causées par l'ignorance des temps & la grossièreté des

mœurs. C'eſt dans ce temps que l'Art de graver en bois acquiert des Artiſtes célèbres, qui le portent à ſon plus haut point de perfeĉtion , pendant que la Gravure en taille-douce, qui à peine venoit de naître , faiſoit elle-même des progrès très-rapides.

Cette nouvelle manière de graver les eſtampes eſt dûe, ſuivant quelques Auteurs, à *Maſſo Piniguera*, Orfèvre de Florence , qui la trouva en 1460 en gravant des Armoiries ſur de l'argenterie. Pour faire cette gravure deſſus l'argent , il étoit néceſſaire d'en noircir les tailles avec de l'huile noircie ou ſalie ; celle de la pierre à l'huile pour aiguiſer les burins , pouvoit y ſervir. Piniguera s'aperçut qu'en appuyant du papier ſur cette gravure ainſi noircie , il en ſortoit une empreinte ; il réitéra & perfeĉtionna cette opération, qui lui réuſſit.

Baccio Badinelli, de la même ville de Florence , & Guillaume Baur , Peintre de Strasbourg , dont j'ai parlé plus haut, ont été des premiers à faire ufage de cette nouvelle gravure ; ils furent bientôt fuivis par Palaiolo & & Montagna.

Pendant que l'Art de la taille-douce prenoit faveur, celui de la taille de bois tendoit à fa perfection, par le moyen des habiles Peintres ou Deffinateurs, à qui cet Art étoit plus familier par la pratique ; mais celui-ci perdoit infenfiblement de fon crédit, à mefure que l'autre étoit connu. Les moyens que fourniffoit la taille-douce pour former, croifer, fortifier & varier les tailles à l'infini, & donner par là de la force ou de la légèreté aux objets qu'on vouloit rendre, joints à la propreté de l'impreffion, lui donnoient néceffairement un avantage fur l'autre, dont les opérations longues & laborieufes produifoient toujours des effets un peu durs & moins gracieux. Un feul exemple donnera l'idée de cette différence de travail.

Que l'on faffe en taille-douce quarante traits croifés, ou contre-tailles, pour former des ombres ou autrement, ils font l'effet de quarante coups de pointe ſi l'on grave à l'eau-forte, ou de quarante coups de burin ſi l'on coupe le cuivre avec cet inſtrument, & cela s'exécute facilement. Ces contre-tailles, au contraire, ſi néceſſaires en gravure, ſont l'écueil de la patience du Graveur en bois, & ſouvent ſon deſeſpoir.

Il faut, pour laiſſer ces quarante traits croiſés en relief ſur le bois, que le Graveur donne au moins quatorze cens quarante-quatre coups de pointe, pour enlever en quatre coups trois cens ſoixante & un petits morceaux de bois carrés ou en lozange. Le ſeul avantage qui reſte à cet Art eſt de pouvoir tirer ſur une même planche cinquante ou ſoixante mille belles épreuves, à douze ou quinze cens par jour, au lieu qu'on n'en peut tirer ſur cuivre que deux mille environ, à cent-cinquante ou deux cens par jour. Cet avantage, joint à l'ancien uſage, a conſervé à cet Art, pendant quelque-temps, de grands Artiſtes qui l'ont il-

luftré par leurs productions: quelques-
uns d'eux faifoient auffi ufage de la
taille-douce en même-temps ; mais ce
n'eft que relativement au premier Art,
que je parlerai de ces Artiftes.

Le célèbre Albert Dure ou Durer,
Peintre, Sculpteur, Géomètre, Architecte, Graveur en bois & en cuivre, né à Nuremberg en 1470, dont
j'ai déjà parlé, porta cet Art de graver en bois à un haut point de perfection. Le premier morceau que l'on
connoiffe de lui repréfente les trois
Graces, des têtes & des os de morts,
des fceptres & un enfer, avec un glo-
be, fur lequel eft l'année 1497, &
ces trois lettres O. G. H. qui font l'a-
brégé de ces mots Allemands *O Gott
Hute*. Il a gravé plufieurs Paffions de
Notre Seigneur en 1508, 1510 &
1511 ; cette dernière eft de toute
beauté : il a fait également la vie de la
Vierge. Les plus beaux morceaux de
gravure de cet Artifte font une fainte
Face de Notre Seigneur plus grande
que nature, elle eft couronnée d'épi-
nes ;

nes : les gouttes de sang & les larmes font ménagées avec art dans cette figure, qui est faite avec des traits ou tailles d'une hardiesse & d'une force qui caractérisent les ouvrages de cet Artiste. Deux grands Triomphes de l'Empereur Maximilien I, l'un de 1515 & l'autre de 1523; dans le premier on voit les portraits des Empereurs, Rois & Princes de la Maison de Maximilien : cette Estampe, très-rare & très-grande, est faite de plusieurs planches. L'autre représente Maximilien dans un Char à douze chevaux, conduits par des figures allégoriques. Albert Dure avoit poussé cet art si loin, que ses ouvrages faisoient l'admiration des curieux. Marc Antoine, Graveur en taille-douce, pour profiter de la réputation de ce Graveur, avoit imité sur le cuivre ses Estampes avec le goût des tailles & sa marque, qui étoit un A gothique & un petit D au milieu, & les vendoit à Venise comme ouvrages d'Albert Dure : celui-ci en ayant été averti, se plaignit au Sénat de

E

cette friponnerie, & Marc Antoine fut obligé d'effacer cette marque de deſſus les planches. On trouve qu'Albert Dure a gravé 222 Eſtampes en taille de bois, & ſeulement 104 en taille-douce, ce qui prouve que la première manière de graver lui étoit plus familière que la ſeconde.

*Albert Aldegrave*, Peintre & Graveur à Soëſt en Weſtphalie, diſciple d'Albert Dure, gravoit en bois dans le goût de ſon maître ; mais au lieu que dans les planches de celui-ci les tailles ſont fortes, dans celles du diſciple elles ſont plus fines & plus délicates. Sa marque étoit un A gothique ſeulement à double trait, ce qui forme un blanc entre deux. On voit de ce Graveur une Réſurrection datée de 1512, très-bien gravée.

*Jean Balde Green*, Peintre & Graveur à Strasbourg, étoit contemporain des Graveurs ci-deſſus. On connoît de lui pluſieurs figures de Saints, les douze Apôtres, des Femmes illuſtres & des habillemens à la mode.

M. Papillon a de lui un Saint Sébaſtien qui porte ſa marque & l'année 1512.

*Sebald Beham*, *que Marolles & autres François*, dit M. Chriſt, *ont mal-à-propos nommé HISBENS*, travailloit auſſi dans le même temps. On voit de ſes gravures datées de 1520.

*Jerôme Mocetus* & *Burgkmair* ont gravé des Eſtampes, parmi leſquelles il y en a d'une grande beauté ; leurs pièces ont été recueillies par M. de Marolles au nombre de 281. Le dernier a gravé en camayeu : il y a de lui un beau morceau dans ce genre de gravure, daté de 1508 ; il repréſente un Chevalier armé, avec les attributs d'un Commandant.

Un V & un G gothiques ſervent de marque a des gravures imprimées chez Knoblouck à Strasbourg vers 1507. *Quel que puiſſe avoir été ce maître*, dit encore M. Chriſt, *il eſt certain qu'il étoit très-habile & d'un goût extraordinaire.* Un I & un B ſervent de marque à de belles gravures très-bien deſſinées vers 1510. Un A & un M gothiques font la marque d'un Graveur Allemand dont on voit des gravures imprimées à Amfterdam en 1505. La figure d'un petit vafe eft la marque de gravures imprimées à Strafbourg en 1509. Un **W** & une **R** font la marque de gravures imprimées à Lyon en 1515.

On voit 138 figures dans le traité d'Architecture de Vitruve, imprimé à Venife en 1511.

*Albert Altoffer*, Suiffe, deffinoit avec goût : on voit de fes gravures datées de 1511. Henri Vogther, Peintre de la ville de Strasbourg, gravoit en bois dans cette ville en 1527.

*Lucas Cranis*, ou *de Cranach*, Peintre du Duc de Saxe, a gravé beaucoup de fujets auxquels il mettoit l'écuffion de fes armes & les premières lettres de fon nom : il a fait, entre autres chofes, des fujets de la Paffion, des figures de la Bible, des Pères du defert & de grandes Joutes & Tournois : on voit de ces Eftampes marquées des années 1504, 1505, 1506 & 1507.

*Lucas de Leyde* a gravé pluſieurs planches, entre autres les Rois d'Iſraël en clair obſcur ou camayeu. Il a fait d'après ſes deſſeins 38 pièces en bois, & 30 d'après d'autres Deſſinateurs.

*Frère Jean Marie de Breſſe*, Carme, & *Jean-Antoine de Breſſe*, gravoient en bois, l'un vers l'an 1502, & l'autre vers 1507.

*Vecelli*, ſurnommé *le Titien*, Peintre célèbre, né à la Piève de Cadore dans l'État de Veniſe, vers l'an 1477, s'appliqua beaucoup à la gravure en bois : une de ſes premières Eſtampes eſt l'Image de la Vierge tenant ſon Fils, lequel met un anneau au doigt d'une Vierge qui eſt à genoux en préſence de Sainte Anne, de S. Joſeph & de deux Anges, & au bas ſont ces mots : *Titianus Vecellius inventor lineavit.* Il a fait un grand Triomphe de Jéſus-Chriſt en 1505, compoſé de pluſieurs planches qui ſe raſſemblent & forment une Eſtampe de dix pieds de long ou environ, ſur 14 pouces de haut ; les travaux d'Hercule en douze Eſtampes marquées d'un T, qui étoit ſa marque ; la ſubmerſion de Pharaon en ſix planches, les ſupplices des Martyrs en quatre planches, le ſacrifice d'Abraham, le déluge, des Payſages, des Animaux, un Laocoon ſous la figure d'un ſinge & de ſes petits, & autres figures.

*Jean Holben*, Peintre, né à Baſle en 1498, a commencé à graver en bois fort jeune : ſes ouvrages ſont d'une délicateſſe ſingulière & d'une grande perfection. Il travailla beaucoup pour l'Imprimerie ; celles de Baſle, de Zurich & autres villes de la Suiſſe, celles de Lyon, de Londres & autres, ont été ornées des productions de ce grand Artiſte. Holben ayant peint une danſe des Morts dans le Marché au poiſſon de la ville de Baſle, en réduiſit les deſſeins & en grava de petites Eſtampes qui lui firent autant d'honneur que ſes tableaux. Il peignit & grava également à Baſle une danſe de Payſans : il a gravé les premières figures de l'éloge de la Folie, pour son ami Erasme, Auteur de cet ouvrage, après quoi il se retira à Londres. Henri VIII, Roi d'Angleterre, estimoit tant ce Peintre, qu'il dit un jour à un Comte qui venoit se plaindre de lui : *Qu'il lui seroit plus aisé de faire sept Comtes de sept Paysans, qu'un seul Holben d'autant de Comtes.*

*Dominique Campagnola*, Peintre d'Italie, gravoit aussi en taille de bois au commencement du XVIᵉ siècle. Il a fait une Estampe du massacre des Innocens, de deux pieds de large sur un pied & demi de haut, datée de 1517.

*Pierre Koeck*, Peintre & Architecte Flamand, a gravé en bois avec beaucoup de hardiesse & de précision. Cet Artiste avoit voyagé en Turquie & en a rapporté le secret des belles teintures pour la laine. Il grava en 1526 une vûe de Constantinople en perspective, avec des figures de Turcs. De Piles, dans la vie des Peintres, nous apprend que Koeck a fait son portrait fous la figure d'un Turc debout qui montre quelqu'un au doigt.

*François Mazzuolo*, dit *le Parmefan*, parce qu'il étoit de Parme où il naquit en 1504, a gravé en bois plufieurs fujets d'après Raphaël, & d'autres fur fes propres deffeins : il a fait des Eftampes en camayeu. Un nommé Antonio Frentano, Graveur, qui travailloit pour le Parmefan, lui emporta un jour fes planches & fes deffeins.

*Hugo da Carpi*, Peintre d'Italie, pouffa plus loin qu'aucun autre cette façon d'imprimer les camayeux en taille de bois. Ces clair-obfcurs fe faifoient ordinairement à deux couleurs fur deux planches imprimées l'une après l'autre par rentrées fur le même objet ; la première imprimoit les clairs, & la feconde une teinte plus foncée. Il a fait de ces rentrées à trois & quatre planches, qui donnent des dégradations de couleur, qui approchant plus des traits de la Peinture, rendoient l'ouvrage plus parfait. Il travailloit ainſi vers 1530, & fut imité par d'autres Peintres & Graveurs qui lui ſuccédèrent.

L'ouvrage le plus parfait & le plus remarquable qu'ait produit l'art de graver en bois, eſt à mon gré l'Hiſtoire de Maximilien I, déguiſée ſous les noms, faits, périls & avantures feintes de l'excellent, vaillant & fameux Chevalier TEWRDANNCHS. On croit que Maximilien lui même en eſt l'Auteur, au moins l'édition eſt digne de lui. C'eſt un Livre in-fol. imprimé avec tout le ſoin poſſible à Ausbourg en 1517 par Hans Schonſperger. Les caractères ſont ſuivant l'écriture du tems, demi gothiques, non mobiles *, gravés exprès ſur des planches

---

* Ces caractères ſont ſi parfaits, que l'on pourroit croire qu'ils ſont mobiles, & qu'ils ont pris leur figure dans des matrices, cependant ils ſont fixes ſur le bois ; ce qui le prouve, ce ſont des différences ſenſibles dans la figure des mêmes capitales, de petites lettres qui anticipent quelquefois les unes ſur les autres ; quelques-unes ont des traits qui s'élèvent ou deſcendent juſqu'aux lignes de deſſus ou de deſſous beaucoup plus que la portée du corps deſdites lettres ; enfin il y a communément des traits circulaires qui embraſſent deux & trois lettres à la fois, toutes choſes impraticables à la fonte. De plus on ne voit ce caractère employé qu'aux

de bois. Chaque page eſt comme un exemple d'écriture à la manière des maîtres Écrivains, c'eſt-à-dire, ornée de traits hardis, entrelacés avec plus ou moins d'étendue, pour imiter l'effet de la plume Ces caractères ſont deſſinés & gravés ſur ces planches avec une égalité ſoutenue & d'une propreté admirable. Cent dix-huit Eſtampes allégoriques, qui ſont autant de chefs-d'œuvres de la gravure en bois, ornent ce précieux ouvrage. J'en ai vû, dans le cabinet de **M.** le Préſident de Cotte, un Exemplaire qui eſt de toute beauté. L'Auteur du Catalogue des Livres de **M.** de Boze, dont cet Exemplaire faiſoit partie, dit que ces 118 Eſtampes ne portent ni noms ni *marques* de ceux qui les ont faites,

différentes Éditions de ce Livre, ce qui eſt une nouvelle preuve. Il y a au bas des pages de grands traits auſſi gravés en bois, mais mobiles, ce qui a fourni la facilité de les répéter & varier. J'ai vû dans l'Œuvre en taille de bois d'Albert Dure, conſervée au Cabinet des Eſtampes du Roi, une Eſtampe chargée d'un diſcours en lettres dans le même goût & auſſi parfaites que celles de ce Livre, ce qui pourroit faire croire que cet Artiſte auroit quelque part à ſon exécution.

& qu'elles font d'Albert Dure. L'Auteur s'eft trompé, j'ai remarqué à quelques-unes de ces Eftampes une H & une S liées enfemble, accompagnées d'une petite pelle qui eft le monogramme de *Hans Sebalde* ou de *Hans Schaeufelin*, dont l'un des deux au moins en aura fait une partie. Albert Dure avoit coûtume de mettre fa marque à fes œuvres, elle ne fe trouve à aucune de ces Eftampes.

Ce Hans Schonfperger qui a imprimé ce Livre avec tant de goût & de propreté, eft appelé *grand Imprimeur de Livres de figures* *. On connoît de lui deux éditions d'un Livre in-fol. intitulé, *Hortus Sanitatis*, faites à Aufbourg en 1486 & 1488, avec figures.

Je demande à préfent fi l'art de tailler fur le bois des figures, des ornemens & des lettres, a pû fe répandre en fi peu de temps en Europe, & monter au plus haut point de perfection où il ait jamais été, par le

* Hift. de l'Impr. par Profper Marchand, pag. 53.

canal de Guttemberg qui a toûjours gardé fur ce point le plus profond filence, ou par celui de Fauft & de Schoiffer qui en ont fait ufage fi peu de temps.

Je crois en avoir affez dit pour prouver le contraire, auffi je ne m'arrêterai plus que très peu fur la fuite de cet art, qui perdoit des Artiftes & des Amateurs à mefure que celui de la taille-douce en acquéroit de nouveaux.

Marie de Médicis, Princeffe de Tofcane, mariée depuis à Henri IV, employa quelques momens de fes loifirs à l'exercice de cet Art. De Piles, dans la vie de Rubens, marque que cette Princeffe deffinoit proprement ; ce qui lui aura fourni les moyens de graver en bois. M. Papillon, dont j'ai déjà parlé, a découvert une Eftampe gravée en bois, de huit pouces de haut, repréfentant un bufte d'une jeune fille coëffée à la Romaine, au deffous duquel on voit ces mots gravés fur la même planche :

## MARIA MEDICI. F.
## M. D. LXXXVII.

A la marge de cette figure eſt écrit en caractères aſſez mal formés : *Gravé par la Rayne Maiee en boueſt*, ce qui fait préſumer que cette Princeſſe étant devenue femme d'Henri IV, aura donné cette Eſtampe à quelqu'une de ſes Dames, qui pour conſerver l'idée de ſon illuſtre Auteur, aura mis cette inſcription. Ce Buſte eſt de profil, il eſt auſſi bien gravé qu'il pouvoit l'être par une perſonne qui n'avoit pas ſuivi cet art.

On croit que ce buſte eſt le portrait même de Marie de Médicis, à l'âge de 16 ou 18 ans. La preuve que cette Princeſſe en eſt au moins Auteur de la gravure, eſt un ſecond exemplaire de cette même Eſtampe que j'ai vû dans le Cabinet des Eſtampes du Roi, conſervé dans un recueil qui renferme les ouvrages des Rois & des Princes. Cette Eſtampe porte une note manuſcrite qui apprend que la Reine fit préſent de la

*planche* de ce buſte à Champagne, célèbre Peintre, dans le temps qu'il la
peignoit : cette note ajoute que der-
rière cette même planche Champagne avoit écrit ces mots : *Ce vendredi*
*22 de Février 1629 , la Reine Marie*
*de Médicis ma trouvé digne de ce rare*
*préſent , fait de ſa propre main.*
*CHAMPAGNE.*

Les Graveurs en taille de bois
ayant par la ſuite formé quelques corps
de ſociétés , furent appelés *Tailleurs*
*d'hiſtoires.*

Un Graveur Suiſſe de nation, nommé *Chriſtophe* , & plus communément *le Suiſſe*, qui demeuroit anciennement rue S. Jean de Latran à Paris,
eſt connu ſous cette dénomination
de Tailleur d'hiſtoires. J'ai vû de lui
une Eſtampe intitulée , *Portrait du*
*Camp des Turcs*, dans laquelle il y a
beaucoup de détail. On a imprimé au
bas de cette Eſtampe l'éloge de ce
Suiſſe : on y dit que cette Eſtampe eſt
*mignonnement élabourée, & qu'elle mé-*
*rite d'être parangonnée au plus délicat*
*burin.*

Les Graveurs en bois étoient déjà fort communs dans Paris, lorsque GABRIEL TAVERNIER vint s'établir le premier dans cette ville en qualité de Graveur en Taille-douce en 1573 *. Melchior Tavernier son fils est le premier de cet art qui fut attaché à la Maison du Roi. Louis XIII le fit travailler plusieurs fois devant lui, & satisfait de son travail il lui fit expédier des Lettres de provision adressées au Prevôt de Paris, par lesquelles il le déclare *Graveur & Imprimeur en Taille-douce de sa Maison* ; ce qui a été enterriné au Châtelet de Paris le 8 Novembre 1618, & confirmé au Parlement.

Une partie de ces *Tailleurs d'histoires* s'étant adonnés à graver des Planches pour imprimer des papiers

---

* Mémoire de Labbé pour Melchior Tavernier, contre Sonius Syndic & les Adjoints des Imprimeurs. Labbé parlant pour le premier dit : *Gabriel Tavernier, pere du Deffendeur, a le premier apporté en cette ville de Paris l'art de graver & imprimer en Taille-douce, s'y étant venu habituer l'an 1573. il n'y avoit lors personne en ce ROYAUME qui eust connoissance de cet Art, encore moins qui sceust l'excellence d'icelui.*

propres à être enluminés après l'impreſſion, & à former une eſpèce de
tapiſſerie ou d'ornemens tels qu'on en
fabrique dans la rue S. Jacques, furent appelés *Dominotiers* & érigés en
maîtriſe. Un Arrêt du Parlement du
18 Juillet 1600. les nomme également Dominotiers & Tailleurs d'hiſtoires. *Ouï M. le Procureur Général,
entre les Maîtres Dominotiers, Tailleurs
& Imprimeurs d'hiſtoires & figures,* &c.
La manière dont ces Dominotiers, Graveurs ou Tailleurs d'hiſtoires imprimoient, étoit la même que celle des
Imprimeurs, leurs planches gravées
recevoient également l'empreinte par
une preſſe commune pour les formes
en caractères mobiles de fonte ; &
comme ils avoient ſouvent beſoin de
mettre des explications à leurs gravures, ils étoient dans l'uſage d'avoir
chez eux différentes ſortes de caractères de fonte, qu'ils compoſoient &
imprimoient avec leurs planches de
bois, de façon qu'ils étoient tout à la
fois Graveurs en bois & Imprimeurs.

La

La Communauté des Imprimeurs & Libraires de Paris voulant abolir cet ufage, qui pouvoit entraîner des abus, fit une faifie fur les Dominotiers, & obtint le 13 Novembre 1599 une Sentence du Prevôt de Paris contr'eux. Non feulement les Dominotiers appelèrent de cette Sentence, mais ils obtinrent le 28 Janvier 1600 des Lettres-patentes en forme de Chartes, qui les maintiennent dans leur ufage. Ils demandèrent l'enterrinement defdites Lettres-patentes ; en conféquence Arrêt du Parlement du 18 Juillet 1600, qui met la Sentence dont eft appel, au néant, *& ayant égard aux Lettres-patentes par lefdits Dominotiers obtenues, a ordonné & ordonne, & leur eft permis d'avoir & tenir toutes fortes de Lettres & caractères, en tel nombre qui leur fera néceffaire, pour l'ufage & impreffion de leurs planches, tiltres, hiftoires, figures, chapiteaux & ouvrages en Livres & placards, avec bordure, concernant leurs dominoteries, felon & ainfi qu'ils avoient*

F

*accoutumé de faire, avec main-levée des choſes ſur eux ſaiſies.*

Quoique ces Tailleurs d'hiſtoires ou Dominotiers fuſſent ainſi en corps, il y avoit cependant quelques Graveurs diſtingués par leurs talens, qui ſe mettoient au deſſus de cette maîtriſe, & qui jouiſſoient néanmoins de leurs droits, entre autres le célèbre *Jean Couſin*, Peintre, Géomètre & Graveur en bois, qui a fait beaucoup d'excellens ouvrages dans ce genre. *Bernard Salomon*, Peintre & Graveur en bois, connu ſous le nom du *Petit Bernard*, fut un de ſes élèves.

Indépendamment du privilège général accordé aux Graveurs en bois, d'avoir & d'imprimer des Caractères de fonte, *Jean le Clerc, Marchand Graveur à Paris*, obtint un privilège particulier, au moyen duquel il imprima en 1614 les figures de la Bible en taille de bois avec l'explication deſſous, & en 1618 un autre Livre intitulé : *Livre de pourtraiture de Maître Jean Couſin, Peintre & Géométrien.*

Il a obtenu un autre privilège pour graver ou faire graver, tant en taille-douce qu'en taille de bois, & imprimer, des Cartes des Provinces de France, les portraits des Patriarches & des Princes du Peuple Hébreu, avec l'histoire chronologique, &c. J'ai vû une de ces Cartes, gravée en bois, d'un travail infini par le détail immense des objets & par son étendue ; elle est en plusieurs planches de bois, dans lesquelles il y a une Epître dédicatoire en caractères de fonte. Ce privilège a été enregistré en Parlement le 18 Janvier 1620, & signifié aux Libraires & Dominotiers.

Le 20 Mars 1622 il fut accordé un Brevet ou Lettres-patentes à Nicolas Calmot, pour être Imprimeur du Roi en livres, & Dominotier en figures & histoires. Deux ans après, ce brevet fut continué à René Baudry, aussi Dominotier, pour avoir épousé la veuve de Calmot.

On voit par-là que cette gravure en taille de bois tenoit encore un rang diſtingué parmi les autres Arts ; mais enfin cet art qui a donné naiſſance à pluſieurs autres, cet art à qui on eſt redevable du premier uſage de l'Imprimerie, & qui lui eſt encore ſi néceſſaire, a perdu inſenſiblement tous ſes droits, ſes Artiſtes, & preſque ſon nom ; il eſt, à peu de choſe près, auſſi ignoré à préſent que du temps de ſes premières productions. Il y a déjà long-temps que l'Imprimerie ſe ſent du dépériſſement de cet art : nos impreſſions ſont inondées des fruits de l'ignorance des mauvais ouvriers dans ce genre. Il n'y a preſque plus que M. Papillon, dont j'ai parlé, qui ſoûtienne l'honneur de cet art, par la fineſſe de ſa pointe & l'art du deſſein, qui le rendent égal aux plus grands Maîtres que j'ai cités ci-deſſus. M. le Sueur l'aide à ſoûtenir cet art chancelant, qui après eux ne peut manquer de s'écrouler tout-à-fait, n'y ayant plus d'Artiſtes connus dans ce genre. Il faut de la généroſité pour ſuivre & pratiquer un art qui n'eſt point protégé , qui eft comme abandonné, pour lequel il faut néanmoins une étude de deffein , comme pour les Arts qui conduifent à la fortune , & enfin un travail long & laborieux, fans efpérance de tirer un falaire proportionné aux opérations & à l'étude.

On peut conclurre de tout ce que j'ai dit, que Guttemberg a fait un ufage tout naturel de l'art de graver , qui étoit pratiqué de fon temps en Allemagne , mais qu'il en a feulement changé l'objet.

Cette Differtation pourra jeter quelque jour fur les différentes origines prétendues de l'Imprimerie à Harlem, à Strasbourg & à Mayence. Les Auteurs qui ont avancé leurs fentimens particuliers fur ces divers établiffemens , ont eu chacun de bonnes raifons, mais ils les ont fouvent mal appliquées : on peut dire qu'ils ont tout-à-la fois tort & raifon, le tout eft de convenir de certains faits & de s'entendre.

Il eût été à souhaiter que ceux qui ont traité de l'Imprimerie, eussent un peu consulté les Arts qui lui étoient analogues ; les lumières qui auroient été refusées par l'un, auroient été fournies par d'autres : on auroit sans doute évité par-là ce cahos d'opinions différentes, ces contes ridicules, ces erreurs grossières & ce fatras immense de contrariétés. Je me croirois bien récompensé des peines que m'ont coutées ces Recherches sur l'histoire de l'Imprimerie, si elles pouvoient contribuer à dissiper une partie des ténèbres qui la couvrent. Si je suis assez heureux pour qu'elles soient goûtées, je pourrai faire part au Public de quelques autres sur le même sujet, que j'ai suivies avec le plus grand soin.

# AVIS

# PARTICULIER

## DE L'AUTEUR.

PARMI les différentes choses nouvelles que j'ai imaginées pour les progrès de l'Imprimerie, j'ai changé la forme des Caractères Italiques, qui étoit
depuis long temps en usage. Cette ré-
forme ayant été goûtée, plusieurs de
ceux qui gravent des Caractères d'Imprimerie en France, se sont appliqués à
les contrefaire, contre le droit des gens.
Un de ceux-là, que la médiocrité de
ses talens avoit relégué dans une ville
de Flandre, s'est mis sur les rangs
pour cette contrefaction, non seulement
par rapport à mes Italiques, mais aussi
pour mes nouveaux ornemens de fonte, lettres ornées, &c. Il n'en eut pas
plustôt fait une partie, qu'il se crut en

F iv

état de paroître fur le théâtre des talens, c'eft-à-dire, qu'il s'en vint à *Paris* avec fon tréfor de contrebande.

*Il s'eft préfenté chez tous les Imprimeurs avec ces nouveaux fruits de fon travail, & il n'a pas tenu à lui qu'on ne les eftimât plus que les originaux. Comme le fuccès ne répondoit point à fon attente, il a fait inférer en fon nom une Lettre dans le Mercure du mois de Mai dernier, remplie d'idées fi abfurdes, qu'elles n'ont donné à perfonne l'envie de les relever. Il s'y annonce ouvertement pour avoir imité mes Italiques, dont il dit qu'il* s'eft fait un honneur. *Il offre enfuite d'en* corriger les défauts fur l'avis des vrais connoiffeurs, *& fi cela ne fuffit pas, il s'offre encore de donner fes Caractères* à bon marché *à ceux qui en voudront. Après cela il a cru qu'il feroit bien de dire un peu de mal de moi & de mes Caractères. Pour cet effet,* il a porté lui-même chez les *Imprimeurs l'épreuve d'une groffière & informe Italique dite de Saint-Auguf-*

tin , contrefaite par lui d'après la mienne , au bas de laquelle épreuve il a mis contre moi une note fauſſe & injurieuſe.

La honte dont ſe couvroit cet Artiſte prétendu en s'annonçant publiquement pour un plagiaire , la foibleſſe de ſes productions , & l'irrégularité de ſes démarches , me rendoient d'autant plus inſenſible à ſes procédés , qu'il n'avoit encore pû en impoſer qu'à quelques Imprimeurs peu délicats ſur le progrès de leur art ; & j'étois diſpoſé à mettre en pratique cette maxime :

Il faut laiſſer aux talens médiocres la baſſe jalouſie & l'adreſſe mépriſable de nuire.

Mais ſon adreſſe a été pouſſée un peu trop loin ; c'eſt ce qui m'oblige à rompre le ſilence , & fait l'objet de cet avertiſſement.

Les démarches & les actions de ce Graveur ne lui ayant réuſſi que foiblement, il vient d'employer un ſtratagème ſingulier. Il a fait compoſer dans une Imprimerie de Paris , avec un Caractère

*Italique contrefait d'après le mien, une page contenant 24 lignes de vers, qu'il a fait imprimer avec ces mots au def- fus :* Petit romain Italique par Four- nier le Jeune, *& il a fait imprimer à côté, dans une page parallèle, les mêmes vers, avec une Italique de Petit-romain de fa façon, au deffous de laquelle il a ajouté :* On peut juger DU PREMIER COUP D'ŒIL fi j'ai réuffi à imiter les Italiques nouvelles gravées par Fournier le Jeune, comme je l'ai avancé il y a quelques temps. *Il s'eft empreffé de repandre cette feuille : quel- ques - uns de mes amis à qui elle avoit été préfentée, me l'ont apportée, & m'ont fait fentir que je ne devois point paffer fous filence un procédé auffi con- traire à la vérité que nuifible à ma ré- putation, & capable de faire prendre le change à bien des Auteurs ou Im- primeurs, qui n'ayant pas toûjours les épreuves de mes Caractères fous les yeux, pouvoient être féduits par la fauffe appa- rence.*

*Ce Graveur, qui s'eft* fait un honneur, *comme il le dit lui-même*, d'i-miter mes Italiques, *doit les connoî-tre ; par conséquent, en mettant ici une copie pour l'original, il a eu un deſſein prémédité de faire illuſion. Il a dû s'apercevoir que dans cette Italique qu'il me ſuppoſe, toutes les capitales ſont dans le goût ancien & ont plus de 150 ans de date, venant d'un de nos anciens maîtres ; qu'elles ſont moins penchées que les lettres di-tes de bas de Caſſe qui les accompagnent; que parmi ces dernières il y en a de plus grandes & de plus petites, même d'ancienne gravûre ; enfin que la lettre [ & ] qui eſt ordinairement le deſeſpoir de ces Copiſtes, par la difficulté qu'il y a de lui donner un contour gracieux, eſt fort mal faite. Mais tout cela, qu'il a vû & ſenti, lui a donné plus beau jeu pour mettre ce Caractère en parallèle avec le ſien, & il a ajouté fort à propos qu'il falloit en juger au* premier coup d'œil, *car un examen de ces deux Ca-ractères contrefaits fera voir que le ſien eſt le plus imparfait. Ses lettres ſont indécifes & tâtonnées , elles ne fentent que trop la main d'un Copifte : j'en fais juges tous ceux à qui il a diftribué cette feuille.*

---

### FAUTE A CORRIGER.

Page 61 , *ligne* 13. Pour faire cette gravure : *lifez* Pour faire paroître cette gravure.

# *APPROBATION.*

J'ai lû par ordre de Monseigneur le Chancelier, un Manuscrit intitulé : *Dissertation sur la Gravure en bois, pour servir d'éclaircissement à l'origine de l'Imprimerie*, & je n'y ai rien trouvé qui puisse en empêcher l'impression.

S A L L I E R.

## *PRIVILÉGE DU ROI.*

LOUIS, par la grace de Dieu, Roi de France & de Navarre : A nos amés & féaux Conseillers les Gens tenans nos Cours de Parlement, Maîtres des Requêtes ordinaires de notre Hôtel, Grand Conseil, Prevôt de Paris, Baillifs, Sénéchaux, leurs Lieutenans Civils, & autres nos Justiciers qu'il appartiendra, SALUT. Notre amé le Sieur FOURNIER LE JEUNE, Nous a fait exposer qu'il désireroit faire imprimer & donner au Public des Ouvrages, qui ont pour titre : *Dissertation sur l'origine de l'art de graver en bois. Manuel des Gens de Lettres, pour la connoissance des Caractères de l'Imprimerie*, s'il nous plaisoit lui accorder nos Lettres de Permission pour ce nécessaires : A CES CAUSES, voulant favorablement traiter l'Exposant, Nous lui avons permis & permettons par ces présentes, de faire imprimer lesdits Ouvrages, autant de fois que bon lui semblera, & de les faire vendre & débiter par tout notre

Royaume, pendant l'espace de trois années consécutives, à compter du jour de la date des Presentes : FAISONS défenses à tous Imprimeurs, Libraires & autres personnes, de quelque qualité & condition qu'elles soient, d'en introduire d'impression étrangere dans aucun lieu de notre obéïssance. A la charge que ces Présentes seront enregistrées tout au long sur le Regiftre de la Communauté des Imprimeurs & Libraires de Paris, dans trois mois de la date d'icelles ; que l'impression desdits Ouvrages sera faite dans notre Royaume & non ailleurs, en bon papier & beau caractères, conformément à la feuille imprimée, attachée pour modele sous le contrescel des Présentes ; que l'Impétrant se conformera en tout aux Réglemens de la Librairie, & notamment à celui du 10 Avril 1725 ; & qu'avant de les exposer en vente, les Manuscrits qui auront servi de copie à l'impression desdits Ouvrages, seront remis dans le même état où l'Approbation y aura été donnée, ès mains de notre très-cher & féal Chevalier, Chancelier de France le Sieur Delamoignon, & qu'il en sera ensuite remis deux Exemplaires de chacun dans notre Bibliothéque publique, un dans celle de notre Château du Louvre, & un dans celle de notre très-cher & féal Chevalier Chancelier de France le Sieur Delamoignon ; le tout à peine de nullité des Présentes. Du contenu desquelles vous mandons & enjoignons de faire jouir ledit Exposant ou ses ayans causes, pleinement & paisiblement, sans souffrir qu'il leur soit fait aucun trouble ou empêchement. Voulons qu'à la copie des Présentes qui sera imprimée tout au long au commencement ou à la fin desd. Ouvrages, foi soit ajoutée comme à l'original. Commandons au premier notre Huissier ou Sergent sur ce requis, de faire pour l'exécution d'icelles, tous actes requis & nécessaires, sans demander autre permission, & nonobstant clameur de Haro, charte

Normande & Lettres à ce contraires. Car tel est
notre plaisir. Donné à Versailles le trentiéme jour
du mois de Janvier, l'An de grace mil sept cens
cinquante huit, & de notre Regne le quarante-troi-
siéme. Par le Roi en son Conseil.

*Signé*, LEBEGUE.

*Regiſtré ſur le Régiſtre* 14ᵉ *de la Chambre Royalle
des Libraires & Imprimeurs de Paris*, N°. 302.
*fol.* 274. *Conformément aux anciens Réglemens con-
firmés par celui du* 28 *Février* 1723. *À Paris le* 14
*Février* 1758.

P. G. Le Mercier.